Lk 1209.

POLICE ADMINISTRATIVE.

TABLEAU

DE

l'Éclairage

A L'HUILE ET AU GAZ

De la Ville de Bordeaux.

1854.

BORDEAUX.
IMPRIMERIE DE A. PECHADE,
12, rue du Parlement S.-Pierre.

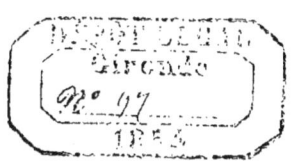

TABLEAU

DES

HEURES DE L'ÉCLAIRAGE.

1854.

JANVIER.

JOURS du MOIS.	Service Variable.						Service Perpétuel.					
	HEURES				TOTAL des HEURES.		HEURES				TOTAL des HEURES.	
	D'ALLUMER.		D'ÉTEINDRE.				D'ALLUMER.		D'ÉTEINDRE.			
	H.	M.	H.	M.	H.	M.	H.	M.	H.	M.	H.	M.
1 Dimanche.	5	»	6	15	13	15	5	»	6	30	13	30
2 Lundi.	5	»	6	15	13	15	5	»	6	30	13	30
3 Mardi.	5	»	6	15	13	15	5	»	6	30	13	30
4 Mercredi.	5	»	6	15	13	15	5	»	6	30	13	30
5 Jeudi.	5	»	6	15	13	15	5	»	6	30	13	30
6 Vendredi.	5	»	6	15	13	15	5	»	6	30	13	30
7 Samedi.	5	»	6	15	13	15	5	»	6	30	13	30
8 Dimanche.	5	»	6	15	13	15	5	»	6	30	13	30
9 Lundi.	5	»	6	15	13	15	5	»	6	30	13	30
10 Mardi.	5	»	6	15	13	15	5	»	6	30	13	30
11 Mercredi.	5	»	6	15	13	15	5	»	6	30	13	30
12 Jeudi.	5	»	6	15	13	15	5	»	6	30	13	30
13 Vendredi.	5	15	6	15	13	»	5	»	6	30	13	30
14 Samedi.	5	15	2	45	9	30	5	»	6	30	13	30
15 Dimanche.	5	15	2	45	9	30	5	»	6	30	13	30
16 Lundi.	5	15	2	45	9	30	5	15	6	30	13	15
17 Mardi.	5	15	2	45	9	30	5	15	6	30	13	15
18 Mercredi.	5	15	2	45	9	30	5	15	6	30	13	15
19 Jeudi.	5	15	3	45	10	30	5	15	6	30	13	15
20 Vendredi.	5	15	3	45	10	30	5	15	6	30	13	15
21 Samedi.	5	15	6	15	13	»	5	15	6	30	13	15
22 Dimanche.	5	15	6	15	13	»	5	15	6	30	13	15
23 Lundi.	5	15	6	15	13	»	5	15	6	30	13	15
24 Mardi.	5	30	6	15	12	45	5	30	6	30	13	»
25 Mercredi.	5	30	6	15	12	45	5	30	6	30	13	»
26 Jeudi.	5	30	6	15	12	45	5	30	6	30	13	»
27 Vendredi.	5	30	6	15	12	45	5	30	6	30	13	»
28 Samedi.	5	30	6	15	12	45	5	30	6	30	13	»
29 Dimanche.	5	30	6	15	12	45	5	30	6	30	13	»
30 Lundi.	5	30	6	»	12	30	5	30	6	30	13	»
31 Mardi.	5	30	6	»	12	30	5	30	6	30	13	»
31 Jours d'allumage.			Total des h.		381	»			Total des h.		412	30

P. Q. le 6.
P. L. le 14.

D. Q. le 22.
N. L. le 28.

FÉVRIER.

JOURS du MOIS.	Service Variable.						Service Perpétuel.					
	HEURES				TOTAL des HEURES.		HEURES				TOTAL des HEURES.	
	D'ALLUMER.		D'ÉTEINDRE.				D'ALLUMER.		D'ÉTEINDRE.			
	H.	M.	H.	M.	H.	M.	H.	M.	H.	M.	H.	M.
1 Mercredi.	5	45	6	15	12	30	5	30	6	»	12	30
2 Jeudi.	5	45	6	15	12	30	5	30	6	»	12	30
3 Vendredi.	5	45	6	15	12	30	5	30	6	»	12	30
4 Samedi.	5	45	6	15	12	30	5	30	6	»	12	30
5 Dimanche.	5	45	6	»	12	15	5	30	6	»	12	30
6 Lundi.	5	45	6	»	12	15	5	30	6	»	12	30
7 Mardi.	5	45	6	»	12	15	5	30	6	»	12	30
8 Mercredi.	6	45	6	»	11	15	5	30	6	»	12	30
9 Jeudi.	6	45	6	»	11	15	5	30	6	»	12	30
10 Vendredi.	»	»	»	»	»	»	5	45	6	»	12	15
11 Samedi.	»	»	»	»	»	»	5	45	6	»	12	15
12 Dimanche.	»	»	»	»	»	»	5	45	6	»	12	15
13 Lundi.	6	»	4	»	10	»	5	45	6	»	12	15
14 Mardi.	6	»	4	»	10	»	5	45	6	»	12	15
15 Mercredi.	6	»	4	»	10	»	5	45	6	»	12	15
16 Jeudi.	6	»	5	45	11	45	6	»	5	45	11	45
17 Vendredi.	6	»	5	45	11	45	6	»	5	45	11	45
18 Samedi.	6	»	5	45	11	45	6	»	5	45	11	45
19 Dimanche.	6	»	5	45	11	45	6	»	5	45	11	45
20 Lundi.	6	»	5	30	11	30	6	»	5	45	11	45
21 Mardi.	6	»	5	30	11	30	6	»	5	30	11	30
22 Mercredi.	6	»	5	30	11	30	6	»	5	30	11	30
23 Jeudi.	6	15	5	30	11	15	6	»	5	30	11	30
24 Vendredi.	6	15	5	30	11	15	6	»	5	30	11	30
25 Samedi.	6	15	5	»	10	45	6	»	5	30	11	30
26 Dimanche.	6	15	5	»	10	45	6	»	5	30	11	30
27 Lundi.	6	15	5	»	10	45	6	»	5	30	11	30
28 Mardi.	6	15	5	»	10	45	6	»	5	30	11	30

25 Jours d'allumage.   Total des h. **286** **15**   Total des h. **336** **45**

P. Q. le 4.   D. Q. le 20.
P. L. le 13.   N. L. le 27.

MARS.

JOURS du MOIS.		Service Variable.					Service Perpétuel.					
		HEURES				TOTAL des HEURES.		HEURES			TOTAL des HEURES.	
		D'ALLUMER.		D'ÉTEINDRE.				D'ALLUMER.		D'ÉTEINDRE.		
		H.	M.	H.	M.	H.	M.	H.	M.	H.	M.	H.	M.
1	Mercredi.	6	15	5	30	11	15	6	15	5	30	11	15
2	Jeudi.	6	15	5	30	11	15	6	15	5	30	11	15
3	Vendredi.	6	15	5	30	11	15	6	15	5	30	11	15
4	Samedi.	6	15	5	30	11	15	6	15	5	30	11	15
5	Dimanche.	6	15	5	30	11	15	6	15	5	30	11	15
6	Lundi.	6	15	5	30	11	15	6	15	5	30	11	15
7	Mardi.	6	15	5	30	11	15	6	30	5	30	11	»
8	Mercredi.	6	30	5	30	11	»	6	30	5	30	11	»
9	Jeudi.	6	30	5	30	11	»	6	30	5	30	11	»
10	Vendredi.	»	»	»	»	»	»	6	30	5	30	11	»
11	Samedi.	»	»	»	»	»	»	6	30	5	30	11	»
12	Dimanche.	»	»	»	»	»	»	6	30	5	30	11	»
13	Lundi.	»	»	»	»	»	»	6	30	5	15	10	45
14	Mardi.	6	45	12	»	5	15	6	30	5	15	10	45
15	Mercredi.	6	45	12	»	5	15	6	30	5	15	10	45
16	Jeudi.	6	45	12	»	5	15	6	30	5	15	10	45
17	Vendredi.	6	45	1	»	6	15	6	30	5	15	10	45
18	Samedi.	6	45	1	»	6	15	6	30	5	15	10	45
19	Dimanche.	6	45	2	»	7	15	6	30	5	15	10	45
20	Lundi.	6	45	2	»	7	15	6	30	5	15	10	45
21	Mardi.	6	45	5	30	10	45	6	45	5	»	10	15
22	Mercredi.	6	45	5	30	10	45	6	45	5	»	10	15
23	Jeudi.	6	45	5	30	10	45	6	45	5	»	10	15
24	Vendredi.	6	45	5	30	10	45	6	45	5	»	10	15
25	Samedi.	6	45	5	15	10	30	6	45	5	»	10	15
26	Dimanche.	6	45	5	15	10	30	6	45	5	»	10	15
27	Lundi.	7	»	5	15	10	15	6	45	5	»	10	15
28	Mardi.	7	»	5	15	10	15	6	45	5	»	10	15
29	Mercredi.	7	»	5	»	10	»	6	45	5	»	10	15
30	Jeudi.	7	»	5	»	10	»	6	45	5	»	10	15
31	Vendredi.	7	»	5	»	10	»	6	45	5	»	10	15
27	Jours d'allumage.			Total des h.		258	»			Total des h.		332	15

P. Q. le 6.
P. L. le 14.

D. Q. le 21.
N. L. le 28.

AVRIL.

JOURS du MOIS.		Service Variable.						Service Perpétuel.					
		HEURES				TOTAL des HEURES.		HEURES				TOTAL des HEURES.	
		D'ALLUMER.		D'ÉTEINDRE.				D'ALLUMER.		D'ÉTEINDRE.			
		H.	M.	H.	M.	H.	M.	H.	M.	H.	M.	H.	M.
1	Samedi.	7	»	4	30	9	30	7	»	4	30	9	30
2	Dimanche.	7	»	4	30	9	30	7	»	4	30	9	30
3	Lundi.	7	»	4	30	9	30	7	»	4	30	9	30
4	Mardi.	7	»	4	30	9	30	7	»	4	30	9	30
5	Mercredi.	7	»	4	30	9	30	7	»	4	30	9	30
6	Jeudi.	8	»	4	30	8	30	7	»	4	30	9	30
7	Vendredi.	8	»	4	30	8	30	7	»	4	30	9	30
8	Samedi.	»	»	»	»	»	»	7	»	4	30	9	30
9	Dimanche.	»	»	»	»	»	»	7	»	4	30	9	30
10	Lundi.	»	»	»	»	»	»	7	»	4	30	9	30
11	Mardi.	»	»	»	»	»	»	7	15	4	15	9	»
12	Mercredi.	»	»	»	»	»	»	7	15	4	15	9	»
13	Jeudi.	»	»	»	»	»	»	7	15	4	15	9	»
14	Vendredi.	7	»	12	»	5	»	7	15	4	15	9	»
15	Samedi.	7	»	12	»	5	»	7	15	4	15	9	»
16	Dimanche.	7	»	12	»	5	»	7	15	4	15	9	»
17	Lundi.	7	»	1	»	6	»	7	15	4	15	9	»
18	Mardi.	7	»	1	»	6	»	7	15	4	15	9	»
19	Mercredi.	7	»	2	»	7	»	7	15	4	15	9	»
20	Jeudi.	7	»	2	»	7	»	7	15	4	15	9	»
21	Vendredi.	7	15	4	15	9	»	7	30	4	»	8	30
22	Samedi.	7	15	4	15	9	»	7	30	4	»	8	30
23	Dimanche.	7	15	4	15	9	»	7	30	4	»	8	30
24	Lundi.	7	15	4	15	9	»	7	30	4	»	8	30
25	Mardi.	7	30	4	15	8	45	7	30	4	»	8	30
26	Mercredi.	7	30	4	15	8	45	7	30	4	»	8	30
27	Jeudi.	7	30	4	»	8	30	7	30	4	»	8	30
28	Vendredi.	7	30	4	»	8	30	7	30	4	»	8	30
29	Samedi.	7	30	3	30	8	»	7	30	4	»	8	30
30	Dimanche.	7	30	3	30	8	»	7	30	4	»	8	30
24	Jours d'allumage.			Total des h.		192	»			Total des h.		270	»

P. Q. le 5.
P. L. le 13.

D. Q. le 20.
N. L. le 27.

MAI.

JOURS du MOIS.	Service Variable.					Service Perpétuel.				
	HEURES				TOTAL des HEURES.		HEURES				TOTAL des HEURES.	
	D'ALLUMER.		D'ALLUMER.				D'ÉTEINDRE.		D'ÉTEINDRE.			
	H.	M.	H.	M.	H.	M.	H.	M.	H.	M.	H.	M.
1 Lundi.	7	45	3	»	7	15	7	45	3	30	7	45
2 Mardi.	7	45	3	»	7	15	7	45	3	30	7	45
3 Mercredi.	7	45	3	»	7	15	7	45	3	30	7	45
4 Jeudi.	7	45	3	»	7	15	7	45	3	30	7	45
5 Vendredi.	8	»	3	»	7	»	7	45	3	30	7	45
6 Samedi.	8	»	3	»	7	»	7	45	3	30	7	45
7 Dimanche.	»	»	»	»	»	»	7	45	3	15	7	30
8 Lundi.	»	»	»	»	»	»	8	»	3	15	7	15
9 Mardi.	»	»	»	»	»	»	8	»	3	15	7	15
10 Mercredi.	»	»	»	»	»	»	8	»	3	15	7	15
11 Jeudi.	»	»	»	»	»	»	8	»	3	15	7	15
12 Vendredi.	»	»	»	»	»	»	8	»	3	15	7	15
13 Samedi.	8	15	12	»	3	45	8	»	3	15	7	15
14 Dimanche.	8	15	12	»	3	45	8	»	3	15	7	15
15 Lundi.	8	15	12	»	3	45	8	»	3	15	7	15
16 Mardi.	8	15	1	»	4	45	8	»	3	15	7	15
17 Mercredi.	8	15	1	»	4	45	8	»	3	»	7	»
18 Jeudi.	8	15	2	»	5	45	8	»	3	»	7	»
19 Vendredi.	8	15	2	»	5	45	8	»	3	»	7	»
20 Samedi.	8	15	3	»	6	45	8	»	3	»	7	»
21 Dimanche.	8	15	3	»	6	45	8	»	2	45	6	45
22 Lundi.	8	15	3	»	6	45	8	»	2	45	6	45
23 Mardi.	8	15	3	»	6	45	8	»	2	45	6	45
24 Mercredi.	8	15	3	»	6	45	8	»	2	45	6	45
25 Jeudi.	8	15	3	»	6	45	8	»	2	45	6	45
26 Vendredi.	8	15	3	»	6	45	8	»	2	45	6	45
27 Samedi.	8	15	3	»	6	45	8	»	2	45	6	45
28 Dimanche.	8	15	3	»	6	45	8	»	2	45	6	45
29 Lundi.	8	15	2	30	6	15	8	»	2	45	6	45
30 Mardi.	8	15	2	30	6	15	8	»	2	45	6	45
31 Mercredi.	8	15	2	30	6	15	8	»	2	45	6	45
25 Jours d'allumage.				Total des h.	154	45			Total des h.		221	30

P. Q. le 5.
P. L. le 12.

D. Q. le 19.
N. L. le 26.

JUIN.

JOURS du MOIS.		Service Variable.					Service Perpétuel.					
		HEURES				TOTAL des HEURES.		HEURES			TOTAL des HEURES.	
		D'ALLUMER.		D'ÉTEINDRE.				D'ALLUMER.		D'ÉTEINDRE.		
		H.	M.	H.	M.	H.	M.	H.	M.	H.	M.	H.	M.
1	Jeudi.	8	15	2	»	5	45	8	30	2	30	6	»
2	Vendredi.	9	»	2	»	5	»	8	30	2	30	6	»
3	Samedi.	9	»	2	»	5	»	8	30	2	30	6	»
4	Dimanche.	»	»	»	»	»	»	8	30	2	30	6	»
5	Lundi.	»	»	»	»	»	»	8	30	2	30	6	»
6	Mardi.	»	»	»	»	»	»	8	30	2	30	6	»
7	Mercredi.	»	»	»	»	»	»	8	30	2	30	6	»
8	Jeudi.	»	»	»	»	»	»	8	30	2	30	6	»
9	Vendredi.	»	»	»	»	»	»	8	30	2	30	6	»
10	Samedi.	»	»	»	»	»	»	8	30	2	30	6	»
11	Dimanche.	8	15	12	»	3	45	8	30	2	30	6	»
12	Lundi.	8	15	12	»	3	45	8	30	2	30	6	»
13	Mardi.	8	15	12	»	3	45	8	30	2	15	5	45
14	Mercredi.	8	15	1	»	4	45	8	30	2	15	5	45
15	Jeudi.	8	15	1	»	4	45	8	30	2	15	5	45
16	Vendredi.	8	15	2	»	5	45	8	45	2	15	5	30
17	Samedi.	8	15	2	»	5	45	8	45	2	15	5	30
18	Dimanche.	8	15	2	»	5	45	8	45	2	15	5	30
19	Lundi.	8	15	2	»	5	45	8	45	2	15	5	30
20	Mardi.	8	15	2	»	5	45	8	45	2	15	5	30
21	Mercredi.	8	30	2	»	5	30	8	45	2	15	5	30
22	Jeudi.	8	30	2	»	5	30	8	45	2	15	5	30
23	Vendredi.	8	30	2	»	5	30	8	45	2	15	5	30
24	Samedi.	8	30	2	»	5	30	8	45	2	15	5	30
25	Dimanche.	8	30	2	»	5	30	8	45	2	15	5	30
26	Lundi.	8	30	2	»	5	30	8	45	2	15	5	30
27	Mardi.	8	30	2	»	5	30	8	45	2	15	5	30
28	Mercredi.	8	30	2	»	5	30	8	45	2	15	5	30
29	Jeudi.	8	30	2	»	5	30	8	45	2	15	5	30
30	Vendredi.	8	30	2	»	5	30	8	45	2	15	5	30
23	Jours d'allumage.			Total des h.		120	15			Total des h.		171	45

P. Q. le 4.   D. Q. le 17.
P. L. le 10.   N. L. le 25.

JUILLET.

JOURS du MOIS.	Service Variable. HEURES D'ALLUMER.		HEURES D'ALLUMER.		TOTAL des HEURES.		Service Perpétuel. HEURES D'ÉTEINDRE.		HEURES D'ÉTEINDRE.		TOTAL des HEURES.	
	H.	M.	H.	M.	H.	M.	H.	M.	H.	M.	H.	M.
1 Samedi.	9	»	2	»	5	»	8	45	2	45	6	»
2 Dimanche.	9	»	2	»	5	»	8	45	2	45	6	»
3 Lundi.	»	»	»	»	»	»	8	45	2	45	6	»
4 Mardi.	»	»	»	»	»	»	8	45	2	45	6	»
5 Mercredi.	»	»	»	»	»	»	8	45	2	45	6	»
6 Jeudi.	»	»	»	»	»	»	8	45	2	45	6	»
7 Vendredi.	»	»	»	»	»	»	8	45	2	45	6	»
8 Samedi.	»	»	»	»	»	»	8	45	2	45	6	»
9 Dimanche.	8	15	12	»	3	45	8	45	2	45	6	»
10 Lundi.	8	15	12	»	3	45	8	45	2	45	6	»
11 Mardi.	8	15	12	»	3	45	8	30	2	45	6	15
12 Mercredi.	8	15	1	»	4	45	8	30	2	45	6	15
13 Jeudi.	8	15	1	»	4	45	8	30	2	45	6	15
14 Vendredi.	8	15	2	»	5	45	8	30	2	45	6	15
15 Samedi.	8	15	2	15	6	»	8	30	2	45	6	15
16 Dimanche.	8	15	2	15	6	»	8	30	2	45	6	15
17 Lundi.	8	15	2	15	6	»	8	30	3	»	6	30
18 Mardi.	8	15	2	15	6	»	8	30	3	»	6	30
19 Mercredi.	8	15	2	15	6	»	8	30	3	»	6	30
20 Jeudi.	8	15	2	15	6	»	8	30	3	»	6	30
21 Vendredi.	8	»	2	15	6	15	8	30	3	»	6	30
22 Samedi.	8	»	2	15	6	15	8	15	3	»	6	45
23 Dimanche.	8	»	2	15	6	15	8	15	3	»	6	45
24 Lundi.	8	»	2	15	6	15	8	15	3	»	6	45
25 Mardi.	8	»	2	15	6	15	8	15	3	»	6	45
26 Mercredi.	8	»	2	15	6	15	8	15	3	»	6	45
27 Jeudi.	8	»	2	15	6	15	8	15	3	»	6	45
28 Vendredi.	8	»	2	30	6	30	8	15	3	»	6	45
29 Samedi.	8	»	2	30	6	30	8	15	3	»	6	45
30 Dimanche.	8	»	2	30	6	30	8	15	3	»	6	45
31 Lundi.	8	»	2	30	6	30	8	15	3	»	6	45
25 Jours d'allumage.				Total des h.	142	15			Total des h.	197	30	

P. Q. le 3.
P. L. le 10.

D. Q. le 17.
N. L. le 25.

AOUT.

JOURS du MOIS.		Service Variable.						Service Perpétuel.					
		HEURES				TOTAL des HEURES.		HEURES				TOTAL des HEURES.	
		D'ALLUMER.		D'ÉTEINDRE.				D'ALLUMER.		D'ÉTEINDRE.			
		H.	M.	H.	M.	H.	M.	H.	M.	H.	M.	H.	M.
1	Mardi.	8	»	3	»	7	»	7	45	3	15	7	30
2	Mercredi.	9	»	3	»	6	»	7	45	3	15	7	30
3	Jeudi.	9	»	3	»	6	»	7	45	3	15	7	30
4	Vendredi.	»	»	»	»	»	»	7	45	3	15	7	30
5	Samedi.	»	»	»	»	»	»	7	45	3	15	7	30
6	Dimanche.	»	»	»	»	»	»	7	45	3	15	7	30
7	Lundi.	»	»	»	»	»	»	7	45	3	15	7	30
8	Mardi.	7	45	12	»	4	15	7	45	3	15	7	30
9	Mercredi.	7	45	12	»	4	15	7	45	3	15	7	30
10	Jeudi.	7	45	12	»	4	15	7	45	3	15	7	30
11	Vendredi.	7	45	1	»	5	15	7	30	3	30	8	»
12	Samedi.	7	45	1	»	5	15	7	30	3	30	8	»
13	Dimanche.	7	45	2	»	6	15	7	30	3	30	8	»
14	Lundi.	7	45	2	»	6	15	7	30	3	30	8	»
15	Mardi.	7	45	3	»	7	15	7	30	3	30	8	»
16	Mercredi.	7	45	3	»	7	15	7	30	3	30	8	»
17	Jeudi.	7	45	3	»	7	15	7	30	3	30	8	»
18	Vendredi.	7	45	3	»	7	15	7	30	3	30	8	»
19	Samedi.	7	45	3	»	7	15	7	30	3	30	8	»
20	Dimanche.	7	45	3	»	7	15	7	30	3	45	8	15
21	Lundi.	7	30	3	»	7	30	7	15	3	45	8	30
22	Mardi.	7	30	3	»	7	30	7	15	3	45	8	30
23	Mercredi.	7	15	3	»	7	45	7	15	3	45	8	30
24	Jeudi.	7	15	3	»	7	45	7	15	3	45	8	30
25	Vendredi.	7	15	3	»	7	45	7	15	3	45	8	30
26	Samedi.	7	15	3	»	7	45	7	15	3	45	8	30
27	Dimanche.	7	15	3	»	7	45	7	15	3	45	8	30
28	Lundi.	7	15	3	15	8	»	7	15	3	45	8	30
29	Mardi.	7	15	3	15	8	»	7	15	3	45	8	30
30	Mercredi.	7	15	3	30	8	15	7	15	3	45	8	30
31	Jeudi.	7	15	3	30	8	15	7	15	3	45	8	30
27	Jours d'allumage.			Total des h.		184	30			Total des h.		248	45

P. Q. le 1er. D. Q. le 15.
P. L. le 8. N. L. le 23.

SEPTEMBRE.

JOURS du MOIS.	Service Variable.						Service Perpétuel.					
	HEURES				TOTAL des HEURES.		HEURES				TOTAL des HEURES.	
	D'ALLUMER.		D'ÉTEINDRE.				D'ALLUMER.		D'ÉTEINDRE.			
	H.	M.	H.	M.	H.	M.	H.	M.	H.	M.	H.	M.
1 Vendredi.	8	»	3	45	7	45	7	»	4	15	9	15
2 Samedi.	8	»	3	45	7	45	7	»	4	15	9	15
3 Dimanche.	»	»	»	»	»	»	7	»	4	15	9	15
4 Lundi.	»	»	»	»	»	»	7	»	4	15	9	15
5 Mardi.	»	»	»	»	»	»	7	»	4	15	9	15
6 Mercredi.	7	»	12	»	5	»	7	»	4	15	9	15
7 Jeudi.	7	»	12	»	5	»	7	»	4	15	9	15
8 Vendredi.	7	»	1	»	6	»	7	»	4	15	9	15
9 Samedi.	7	»	1	»	6	»	7	»	4	15	9	15
10 Dimanche.	6	45	2	»	7	15	7	»	4	15	9	15
11 Lundi.	6	45	2	»	7	15	6	45	4	15	9	30
12 Mardi.	6	45	3	»	8	15	6	45	4	15	9	30
13 Mercredi.	6	45	3	»	8	15	6	45	4	15	9	30
14 Jeudi.	6	45	4	»	9	15	6	45	4	15	9	30
15 Vendredi.	6	45	4	»	9	15	6	45	4	15	9	30
16 Samedi.	6	45	4	»	9	15	6	45	4	30	9	45
17 Dimanche.	6	30	4	»	9	30	6	45	4	30	9	45
18 Lundi.	6	30	4	»	9	30	6	45	4	30	9	45
19 Mardi.	6	30	4	»	9	30	6	45	4	30	9	45
20 Mercredi.	6	30	4	»	9	30	6	45	4	30	9	45
21 Jeudi.	6	30	4	»	9	30	6	30	4	30	10	»
22 Vendredi.	6	30	4	»	9	30	6	30	4	30	10	»
23 Samedi.	6	30	4	»	9	30	6	30	4	30	10	»
24 Dimanche.	6	30	4	»	9	30	6	30	4	30	10	»
25 Lundi.	6	30	4	»	9	30	6	30	4	30	10	»
26 Mardi.	6	30	4	15	9	45	6	30	4	30	10	»
27 Mercredi.	6	30	4	15	9	45	6	30	4	30	10	»
28 Jeudi.	6	30	4	15	9	45	6	30	4	30	10	»
29 Vendredi.	6	30	4	15	9	45	6	30	4	30	10	»
30 Samedi.	6	15	4	15	10	»	6	30	4	30	10	»

27 Jours d'allumage. — Total des h. 230 45 — Total des h. 288 45

P. L. le 6.
D. Q. le 14.
N. L. le 22.
P. Q. le 29.

OCTOBRE.

JOURS du MOIS.	Service Variable. HEURES D'ALLUMER.		Service Variable. HEURES D'ÉTEINDRE.		TOTAL des HEURES.		Service Perpétuel. HEURES D'ALLUMER.		Service Perpétuel. HEURES D'ÉTEINDRE.		TOTAL des HEURES.	
	H.	M.	H.	M.	H.	M.	H.	M.	H.	M.	H.	M.
1 Dimanche.	7	15	5	»	9	45	6	»	5	»	11	»
2 Lundi.	7	15	5	»	9	45	6	»	5	»	11	»
3 Mardi.	»	»	»	»	»	»	6	»	5	»	11	»
4 Mercredi.	»	»	»	»	»	»	6	»	5	»	11	»
5 Jeudi.	»	»	»	»	»	»	6	»	5	»	11	»
6 Vendredi.	6	15	12	»	5	45	6	»	5	»	11	»
7 Samedi.	6	15	12	»	5	45	6	»	5	15	11	15
8 Dimanche.	6	15	1	»	6	45	6	»	5	15	11	15
9 Lundi.	6	15	1	»	6	45	6	»	5	15	11	15
10 Mardi.	6	15	2	»	7	45	6	»	5	15	11	15
11 Mercredi.	6	15	2	»	7	45	5	45	5	15	11	30
12 Jeudi.	6	15	3	»	8	45	5	45	5	15	11	30
13 Vendredi.	6	»	5	»	11	»	5	45	5	15	11	30
14 Samedi.	6	»	5	»	11	»	5	45	5	15	11	30
15 Dimanche.	6	»	5	»	11	»	5	45	5	15	11	30
16 Lundi.	6	»	5	»	11	»	5	45	5	15	11	30
17 Mardi.	6	»	5	»	11	»	5	45	5	30	11	45
18 Mercredi.	6	»	5	»	11	»	5	45	5	30	11	45
19 Jeudi.	6	»	5	»	11	»	5	45	5	30	11	45
20 Vendredi.	6	»	5	»	11	»	5	45	5	30	11	45
21 Samedi.	5	30	5	15	11	45	5	30	5	30	12	»
22 Dimanche.	5	30	5	15	11	45	5	30	5	30	12	»
23 Lundi.	5	30	5	15	11	45	5	30	5	30	12	»
24 Mardi.	5	30	5	15	11	45	5	30	5	30	12	»
25 Mercredi.	5	30	5	15	11	45	5	30	5	30	12	»
26 Jeudi.	5	30	5	15	11	45	5	15	5	30	12	15
27 Vendredi.	5	30	5	15	11	45	5	15	5	30	12	15
28 Samedi.	5	30	5	15	11	45	5	15	5	30	12	15
29 Dimanche.	5	30	5	15	11	45	5	15	5	30	12	15
30 Lundi.	5	30	5	15	11	45	5	15	5	30	12	15
31 Mardi.	5	30	5	15	11	45	5	15	5	30	12	15
28 Jours d'allumage.			Total des h.		286	»			Total des h.		360	30

P. L. le 6.   N. L. le 21.
D. Q. le 14.   P. Q. le 28.

NOVEMBRE.

JOURS du MOIS.	Service Variable.						Service Perpétuel.					
	HEURES				TOTAL des HEURES.		HEURES				TOTAL des HEURES.	
	D'ALLUMER.		D'ÉTEINDRE.				D'ALLUMER.		D'ÉTEINDRE.			
	H.	M.	H.	M.	H.	M.	H.	M.	H.	M.	H.	M.
1 Mercredi.	5	15	2	»	9	45	5	15	5	30	12	15
2 Jeudi.	5	15	2	»	9	45	5	15	5	30	12	15
3 Vendredi.	5	15	2	»	9	45	5	15	5	30	12	15
4 Samedi.	5	15	4	»	10	45	5	15	5	30	12	15
5 Dimanche.	5	15	4	30	11	15	5	15	5	30	12	15
6 Lundi.	5	15	5	»	11	45	5	15	5	30	12	15
7 Mardi.	5	15	5	30	12	15	5	15	5	30	12	15
8 Mercredi.	5	15	5	30	12	15	5	15	5	30	12	15
9 Jeudi.	5	15	5	30	12	15	5	15	5	45	12	30
10 Vendredi.	5	15	5	30	12	15	5	15	5	45	12	30
11 Samedi.	5	15	5	30	12	15	5	15	5	45	12	30
12 Dimanche.	5	15	5	30	12	15	5	15	5	45	12	30
13 Lundi.	5	15	5	30	12	15	5	15	5	45	12	30
14 Mardi.	5	15	5	30	12	15	5	15	5	45	12	30
15 Mercredi.	5	15	5	30	12	15	5	15	5	45	12	30
16 Jeudi.	5	15	5	30	12	15	5	»	5	45	12	45
17 Vendredi.	5	15	5	30	12	15	5	»	5	45	12	45
18 Samedi.	5	15	5	30	12	15	5	»	5	45	12	45
19 Dimanche.	5	15	5	30	12	15	5	»	5	45	12	45
20 Lundi.	5	15	5	30	12	15	5	»	6	»	13	»
21 Mardi.	5	15	5	30	12	15	5	»	6	»	13	»
22 Mercredi.	5	»	5	45	12	45	5	»	6	»	13	»
23 Jeudi.	5	»	5	45	12	45	5	»	6	»	13	»
24 Vendredi.	5	»	5	45	12	45	5	»	6	»	13	»
25 Samedi.	5	»	5	45	12	45	5	»	6	»	13	»
26 Dimanche.	5	»	5	45	12	45	5	»	6	»	13	»
27 Lundi.	5	»	5	45	12	45	5	»	6	»	13	»
28 Mardi.	5	»	5	45	12	45	5	»	6	»	13	»
29 Mercredi.	5	»	5	45	12	45	5	»	6	»	13	»
30 Jeudi.	5	»	5	45	12	45	5	»	6	»	13	»
30 Jours d'allumage.			Total des h.		361	30			Total des h.		379	30

P. L. le 4.
D. Q. le 12.

N. L. le 20.
P. Q. le 27.

DÉCEMBRE.

JOURS du MOIS.	Service Variable. HEURES D'ALLUMER.		D'ÉTEINDRE.		TOTAL des HEURES.		Service Perpétuel. HEURES D'ALLUMER.		D'ÉTEINDRE.		TOTAL des HEURES.	
	H.	M.	H.	M.	H.	M.	H.	M.	H.	M.	H.	M.
1 Vendredi.	5	»	2	»	9	»	4	45	6	30	13	45
2 Samedi.	5	»	2	»	9	»	4	45	6	30	13	45
3 Dimanche.	5	»	3	»	10	»	4	45	6	30	13	45
4 Lundi.	5	»	6	15	13	15	4	45	6	30	13	45
5 Mardi.	5	»	6	15	13	15	4	45	6	30	13	45
6 Mercredi.	5	»	6	15	13	15	4	45	6	30	13	45
7 Jeudi.	5	»	6	15	13	15	4	45	6	30	13	45
8 Vendredi.	5	»	6	15	13	15	4	45	6	30	13	45
9 Samedi.	5	»	6	15	13	15	4	45	6	30	13	45
10 Dimanche.	5	»	6	15	13	15	4	45	6	30	13	45
11 Lundi.	5	»	6	15	13	15	4	45	6	30	13	45
12 Mardi.	5	»	6	15	13	15	4	45	6	30	13	45
13 Mercredi.	5	»	6	15	13	15	4	45	6	30	13	45
14 Jeudi.	5	»	6	15	13	15	4	45	6	30	13	45
15 Vendredi.	5	»	6	15	13	15	4	45	6	30	13	45
16 Samedi.	5	»	6	15	13	15	4	45	6	45	14	»
17 Dimanche.	5	»	6	30	13	30	4	45	6	45	14	»
18 Lundi.	5	»	6	30	13	30	4	45	6	45	14	»
19 Mardi.	5	»	6	30	13	30	4	45	6	45	14	»
20 Mercredi.	5	»	6	30	13	30	4	45	6	45	14	»
21 Jeudi.	5	»	6	30	13	30	4	45	6	45	14	»
22 Vendredi.	5	»	6	30	13	30	4	45	6	45	14	»
23 Samedi.	5	»	6	30	13	30	4	45	6	45	14	»
24 Dimanche.	5	»	6	30	13	30	4	45	6	45	14	»
25 Lundi.	5	»	6	30	13	30	4	45	6	45	14	»
26 Mardi.	5	»	6	30	13	30	4	45	6	45	14	»
27 Mercredi.	5	»	6	30	13	30	4	45	6	45	14	»
28 Jeudi.	5	»	6	30	13	30	4	45	6	45	14	»
29 Vendredi.	5	»	6	30	13	30	4	45	6	45	14	»
30 Samedi.	5	»	6	30	13	30	4	45	6	45	14	»
31 Dimanche.	5	»	6	30	13	30	4	45	6	45	14	»
31 Jours d'allumage.			Total des h.		402	45			Total des h.		430	15

P. L. le 4.   N. L. le 19.
D. Q. le 12.   P. Q. le 26.

RÉCAPITULATION

Des Jours et Heures d'Éclairage.

MOIS.	SERVICE VARIABLE.			SERVICE PERPÉTUEL.		
	J. D'ALLUMAGE.	HEURES.	MINUTES.	J. D'ALLUMAGE.	HEURES.	MINUTES.
Janvier.........	31	381	»	31	412	30
Février.........	25	286	15	28	336	45
Mars...........	27	258	»	31	332	15
Avril...........	24	192	»	30	270	»
Mai.............	25	154	45	31	221	30
Juin............	23	120	15	30	171	45
Juillet..........	25	142	15	31	197	30
Août...........	27	184	30	31	248	45
Septembre.....	27	230	45	30	288	45
Octobre........	28	286	»	31	360	30
Novembre.....	30	361	30	30	379	30
Décembre.....	31	402	45	31	430	15
	323	3,099	»	365	3,650	»

Vu et approuvé le présent tableau dont les indications devront être suivies pendant l'année 1854.

Bordeaux, le 1ᵉʳ Janvier 1854.

L'Adjoint de Maire,

FAURÉ.

www.ingramcontent.com/pod-product-compliance
Lightning Source LLC
Chambersburg PA
CBHW070526050426
42451CB00013B/2867